写给孩子的

山海经

神兽篇

张芳 主编

东北师范大学出版社
NORTHEAST NORMAL UNIVERSITY PRESS

前言

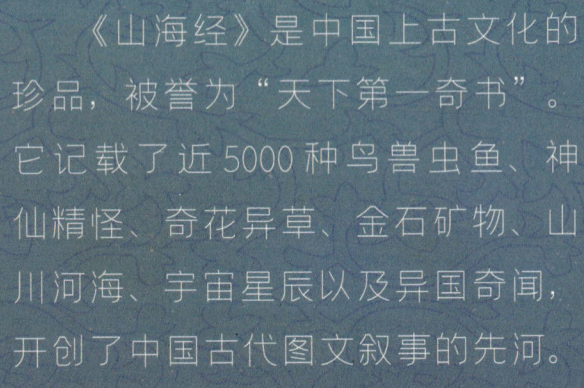

《山海经》是中国上古文化的珍品,被誉为"天下第一奇书"。它记载了近5000种鸟兽虫鱼、神仙精怪、奇花异草、金石矿物、山川河海、宇宙星辰以及异国奇闻,开创了中国古代图文叙事的先河。

由于《山海经》是一部古籍,孩子们理解起来并不容易,所以我们在原文的基础上,编写了这套《写给孩子的手绘山海经》。本套书包括鱼鸟、异人、神兽、神话四部分,选取《山海经》中的相关段落,对鱼鸟的特异功能和异人、异兽的外貌,以及涉及的神话故事等进行了详细描述。

为了能让孩子们更直观地感受和理解《山海经》的内容，我们查阅大量古籍，对书中涉及的神人异兽进行演绎，编写了生动有趣的故事，还对书中的神人异兽配以精美的插图，增强了全书的趣味性和可读性。

是不是有点儿迫不及待地想要了解书中的神秘事物呢？请缓缓打开书本，去邂逅那些"人面的兽、九头的蛇、三脚的鸟、生着翅膀的人、没有头而以两乳当作眼睛的怪物"吧。

南山经

狌狌	2
鹿蜀	5
猾诡	8
九尾狐	11
狸力	15
长右	18
猾裏	21
兕	24

西山经

羬羊	27
葱聋	30
豪彘	34
嚣	37
玃如	40
朱厌	44
举父	47
土蝼	50
狰	52
天狗	55
徽洇	58
谨	60
驳	64
孰湖	67
穷奇	70

北山经

朦疏 …… 73
耳鼠 …… 77
足訾 …… 80
诸犍 …… 83
那父 …… 86
窫窳 …… 89
诸怀 …… 92
狍 …… 95
狍鸮 …… 99
天马 …… 103
飞鼠 …… 107
辣辣 …… 110
獂 …… 113

东山经

从从 …… 115
狪狪 …… 118
獑獑 …… 121

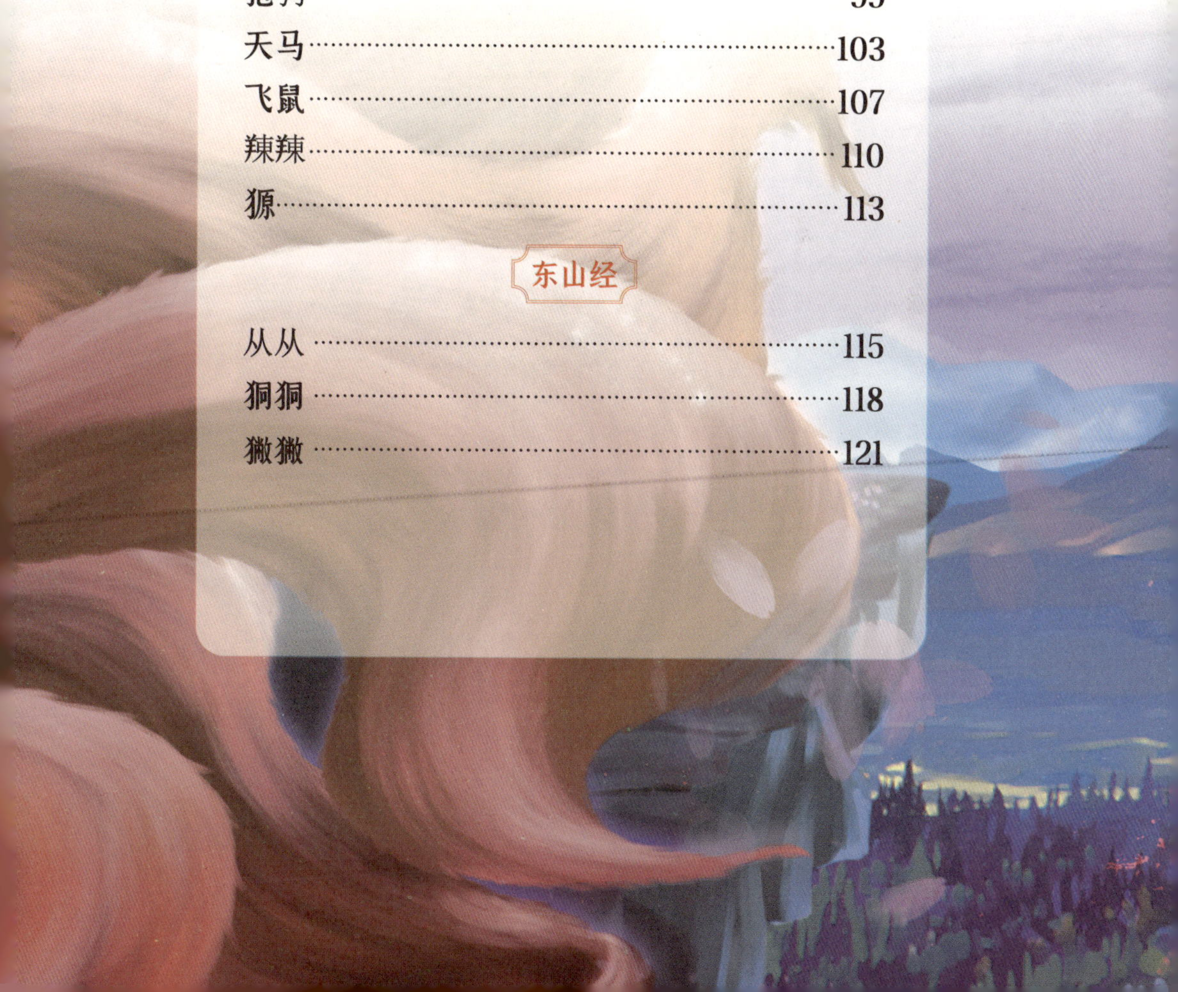

精精	125
当康	127
合窳	130
蜚	133

中山经

豲豲	136
马腹	139
夫诸	141
山膏	144
文文	147
狍狼	149
雍和	151

南山经

狌狌

南山之首曰䧿(què)山。其首曰招摇之山，临于西海之上。多桂，多金玉。有草焉，其状如韭而青华，其名曰祝馀(yú)，食之不饥。有木焉，其状如榖(gǔ)①而黑理，其华四照，其名曰迷榖，佩之不迷。有兽焉，其状如禺②而白耳，伏行人走，其名曰狌(xīng)狌，食之善走。丽麂(jǐ)③之水出焉，而西流注于海，其中多育沛，佩之无瘕(jiǎ)④疾。

译文

南方首列山系叫作䧿山山系。䧿山山系的第一座山是招摇山，屹立在西海岸边。山上生长着许多桂树，又蕴藏着丰富的金属矿物和玉石。山中有一种草，形状像韭菜却开着青色的花朵，名字叫祝馀，人吃了它就不会感到饥饿。山中又有一种树木，形状像构树却呈现黑色的纹理，并且其光华照耀四方，名字叫迷榖，人佩戴着它就不会迷失方向。山中还有一种野兽，样子像猿猴却长着一双白色的耳朵，既能匍匐爬行，又能像人一样直立行走，名字叫狌狌，吃了它的肉可以走得飞快。丽麂水从这座山发源，然后往西流入大海，水中有许多叫作育沛的东西，人佩戴着它就不会生蛊胀病。

注释

① 榖：构树，亦称"构""楮"。

② 禺：古代中国传说中的一种猴。形貌如猿，白面黑颊，多胡须而毛彩斑斓。尾长过身，它的末端有分叉，雨天则用叉塞住鼻孔。

③ 丽麂：传说中的地名。

④ 瘕：指蛊胀病。

贪酒的狌狌

在遥远的上古时期，南方有一座山，名为招摇山。山上有一种奇兽，它们成群结队地出入，身手敏捷，走起来快得如风一样。它们不但会骚扰村民，破坏村里的田地，还会吃掉去开采玉石和金属矿物的村民。

让人恐惧的是，无论人们在哪里开垦田地，什么时间上山，走哪一条道路，狌狌好像都能猜到一样，专门在那儿等着抓村民。

后来村民渐渐地对这种奇兽有了了解，并且给它起名叫狌狌。村民发现这家伙喜欢偷喝村里人酿的酒，还喜欢偷鞋穿。于是，一日村民专门在山下放了一坛坛美酒和一双双鞋带被绑在一起的草鞋。狌狌因为具有特殊能力，知道这些东西是村民为抓住它们而放的，所以就在旁边不停地咒骂村民。贪酒的狌狌一边咒骂着村民，一边对着酒流着口水，终于它们抵挡不住酒的诱惑，抱起酒坛，穿上草鞋，喝得酩酊大醉。就在这时，村民一哄而上，吓得狌狌一激灵，拔腿就想跑，但是被绑在一起的鞋绊倒在地，最终被村民们乱棍打死了。

村民分食了这些狌狌的肉，发现吃了它们的肉，竟然可以健步如飞。

神兽篇

南山经

鹿蜀

有兽焉，其状如马而白首，其文如虎而赤尾，其音如谣①，其名曰鹿蜀，佩②之宜子孙。

译文

有一种野兽，样子如马，长着白色的脑袋。身上的斑纹像是老虎纹，尾巴则是红色的，它的鸣叫声像是在吟唱歌谣一样，这种野兽名叫鹿蜀，人穿戴它的毛皮可以多子多孙。

注释

①谣：歌谣。
②佩：穿戴。

歌星鹿蜀

杻阳山距离猨翼山三百七十里，山的南面有很多赤金矿石，山的北面有很多白金。山上本来几乎没有花草树木，都是光秃秃的石头。山里住着一个很神奇的怪兽，

5

看上去长得像马,身上却有老虎一样的花纹,还有一条长长的红色的尾巴。它有一个好听的名字——鹿蜀。

鹿蜀不但天生有一副好嗓子,而且很勤奋。每天太阳刚刚升起的时候,鹿蜀就对着它练嗓子。日复一日,谁都不能打扰它的兴致。而且当它看见有人来了,更是要展示一番,对着他们引吭高歌,引得山谷齐鸣。

杻阳山有了鹿蜀的歌声,花草树木都长得异常丰茂,而且流水潺潺,仙气缥缈。曾经有神仙造访此地,听到鹿蜀美妙的歌声,突然挪不动脚了。

神仙感叹道:"天地之间,竟有如此美妙动听的歌声,我一定要一睹这位歌手的真容。"

可当他见到鹿蜀时,又一阵惋惜。它是一只马。呃,不对,是一只老虎,也不是。唉,真是太可惜了。

鹿蜀毫不在意,因为它完全沉浸在了自己的歌声中。它觉得这辈子最大的事情就是唱歌,谁也不能阻拦它唱歌的热情。

所以,不管有没有听众,不管神仙说什么,它都要大声唱歌。它唱山中景色,唱人间温情,唯独不唱哀婉的歌曲。因为在鹿蜀的眼睛里,一切都是纯净和美好的。

 南山经

猼訑

有兽焉,其状如羊,九尾四耳,其目在背,其名曰猼訑(bó shī),佩之不畏①。

译文

有一种野兽,长得像羊,有九条尾巴和四只耳朵,眼睛长在后背上,名字叫猼訑,人穿戴上它的皮毛,就不会感觉到恐惧。

 注释

①畏:害怕,恐惧。

猼訑为什么长得像羊

猼訑是上古的神兽,长有九条尾巴和四只耳朵。因为眼睛长在了后背上,所以它根本看不见前方的路,只能看天。

猼訑很不喜欢自己的相貌,就想让女娲帮忙调整一

下自己的五官。于是，獟诡就跑去找女娲。

它走了很长时间，一路上吃了很多苦头，终于找到了女娲。獟诡说："请你帮帮我。我的眼睛长在背上，这样很不方便。"

女娲问："那你想让眼睛长在哪里呢？"

獟诡想了想说："就长在蹄子上吧。这样，我不仅可以看清楚道路，也很容易找到食物。"

女娲叹了口气，说："好吧，你可以回去了。"

刚到家，獟诡就发现自己的两只前蹄上，一边长了一只眼睛。这真是太好了！

可是有一天，獟诡遇到了麻烦。它在跟一只鹿争夺地盘的时候，因为担心前蹄上的两只眼睛被伤到，所以不敢出脚，结果输了。于是，它又去找女娲。女娲问它："这次你想要眼睛长在哪儿？"

獟诡想了想说："我要用前蹄战斗，长在后蹄上吧。"女娲说："好吧，你可以回去了。"

獟诡高兴极了。但没过多久獟诡就发现，眼睛长在后蹄上老是摔跟头。于是，它又厚着脸皮去找女娲。女娲生气地说："怎么又是你！"獟诡不好意思地说："嗯，我想……这是我最后一次来求您了。"獟诡想了半天，最终决定让女娲帮它将眼睛长在脸上。

从那以后，獟诡就与今天的羊越来越相似了。

南山经

九尾狐

有兽焉,其状如狐而九尾,其音如婴(yīng)儿,能食人;食者不蛊(gǔ)①。

译文

有一种野兽,长得像狐狸却有九条尾巴,声音像婴儿的啼哭,会吃人。人如果吃了它的肉就可以不被邪魔蛊惑。

注释

①蛊:被蛊惑。

九尾狐的传说

九尾狐是很少见的灵兽,也是很会蛊惑人心的野兽。它出没在上古名山青丘山一带,平日里极少现身,但只要它一现身,几乎就要有人遭殃。可也有民间传说认为,谁若是看见了白色的九尾狐,谁便可以成为国王。

那个因为治水而闻名华夏的大禹可能是第一个见到九尾狐的人。有一天,大禹在治水途中迷路,看到天色已晚,便在一处树林里搭起帐篷休息,准备第二天再赶路。

这时,一只白色的九尾狐突然现身。大禹十分惊讶。他知道九尾狐的神明,但也听说过九尾狐蛊惑人心的故事,所以心里既尊敬又害怕。

只听九尾狐突然开口说道:"你治水艰难,应找人为伴。涂山氏女娇便是你的伴侣。"说完便消失得不见踪迹。

大禹将信将疑。后来,他果真娶了涂山氏女娇。

大禹有了贤惠的女娇做后盾,更加心无旁骛地治水。他一改过去自己父亲堵水的治理办法,而采取了疏堵结合的方法,历经十三年,凶猛的洪水终被驯服。

听说,后来九尾狐再次现身,帮助大禹做了皇帝;也有传说,其实女娇就是九尾狐。

大禹因为忙于治水很少回家。女娇思念大禹,每天都朝着大禹治水的方向祈祷,祈求上天庇佑大禹能够平安归来。最后,女娇化作一块望夫石。那块石头后面有着奇怪的图案,就像九尾狐的九条尾巴。

南山经

狸力

有兽焉，其状如豚①，有距②，其音如狗吠（fèi），其名曰狸力，见则其县多土功③。

译文

有一种野兽，形貌像小猪，有着一双鸡爪，叫声像是狗叫，它的名字叫狸力，它在哪个地方出现，哪个地方就会大兴土木工程。

注释

①豚：猪。

②距：鸡爪。

③土功：指治水、筑城等工程。

善于打洞的狸力

南方山不太多，其中最高的一座在南方山系的最西边，叫柜山。柜山非常高，山上的奇石珍木非常多，但山上的树木都不结果子。山中的野兽没有野果吃，只能去偷吃农民的粮食，甚至互相残杀。

山中栖居着一种野兽，它的样貌看起来跟普通的小猪没什么两样，但是却长着两只鸡爪子，而且叫声听起来就像狗叫一样，它的名字叫狸力。狸力不但不伤人，而且对人们很有帮助。

据说，狸力对自己的两只鸡爪非常不满意，就想把

神兽篇

脚磨掉。它磨啊磨，不但没有将脚磨掉，脚反而越长越大。

为了磨掉自己的脚，狸力打了很多洞。

这些洞对农民们非常有帮助，等于帮农民们把整个土地都翻了一遍。住在柜山山下的村民经常发现准备种植作物的土地已经被翻好了，他们纳闷儿是谁干的。

后来，山神告诉了他们缘由，并叮嘱村民要善待狸力，村民把狸力供奉为神明，还给它在村头摆了很多好吃的，这下狸力就不用再为吃的发愁了。

写给孩子的手绘山海经

南山经

长右

有兽焉,其状如禺(yú)而四耳,其名长右,其音如吟①,见则其郡县②大水。

译文 山上有一种野兽,长得像猴子,却生有四只耳朵,它的名字叫长右。它叫时发出的声音像是人在呻吟,它在哪个地方出现,哪个地方就会发洪水。

注释

①吟:呻吟。

②郡县:古代两级行政单位,大体相当于今天的省与县。

带来洪水的长右

大水怪长右活跃在桐柏山一带时总是感觉大禹要来收拾它了。长右寝食难安,动不动就大喊:"不好,大

禹要来收拾我了！大禹不会放过我的！"

可真是怕什么来什么，大禹很快就派人给长右送来消息，让长右让路，以便能让自己顺利地治水。长右完全不顾大禹的善意，发疯般地在水里闹腾起来。洪水暴发，淹没了村庄农田。老百姓无家可归，跟着遭了殃。

大禹看到黎民百姓受灾受难，心里很不是滋味。但他还是想和平解决，于是又找到长右商谈。谁知长右不仅不听劝，反而变本加厉地搅动水患。大禹只得请诸神来相助。长右力大无穷，像一只体形巨大的猴子，眼睛里喷射怒火，十分恐怖。诸神合力也制服不了它。

后来，大禹趁诸神缠住长右之机，用定海神针发动偷袭，一举制服了长右。他派人用铁链将它锁住，又把金铃挂在它的鼻子上。长右一动，金铃就会叮当作响，招来看守的人，这让他痛苦不堪。

大禹治理了水患，山下的老百姓过上了平静的日子。后来，村里人把大禹供为神明，但却用长右来吓唬孩子，说："你要乖乖听话哦，不然那个可怕的大猴子长右就会挣脱铁链，跑过来把你吃掉。"

南山经

猾裹

有兽焉,其状如人而彘鬣(zhì liè)①,穴居而冬蛰(zhé)②,其名曰猾裹(huá huái),其音如斫(zhuó)③木,见则县有大繇(yáo)④。

译文

有一种野兽,长得像人,身上却长满了猪毛一样粗硬的毛。它生活在洞穴中,有冬眠的习性,名字叫猾裹。它的叫声像是砍伐木头的声音,它出现在哪个地方,哪个地方就会有繁重的劳役。

注释

①彘鬣:猪身上粗硬的毛。

②冬蛰:冬眠。

③斫:砍。

④大繇:繁重的劳役。繇,通"徭",徭役,劳役。

21

猰貐的来历

在远古名山尧光山下，住着一个猎户，名字叫猰貐。最开始的时候，他每天进山打猎，将捕获的猎物拿到集市上出售，生活无忧，快活自在。

有一年冬天，天降大雪，猰貐寻遍整座山也捕不到猎物，一时之间，饥寒交迫。他想："我没有吃的，那山上的野兽也没有吃的啊。如果每天进山寻找，兴许能撞到几只出来觅食的野兽呢。"于是，他带好装备，进入大山深处。

大雪还在下。猰貐爬得越高，雪下得就越大。放眼望去，四野茫茫，猰貐感觉自己快要被冻死了。就在这时，山谷里一处凹进去的地方突然发出亮光，他赶紧朝那里奔去。

神兽篇

到了之后,猾褢发现刚才发出亮光的是一张玉床。他用手一摸,顿时一股暖流传遍全身。于是他赶紧爬上去,躺在玉床上。由于太累了,他很快就睡了过去。

等他醒来时,发现皑皑白雪已经退去,葱茏的树木已遍布山野。猾褢感觉神清气爽。从此以后,到了冬天猾褢就在山谷的玉床上睡觉,一直到春天才醒来。他睡得太香甜了,连山神回来用力推他、用针扎他他都没醒。因为那玉床本是山神的床榻,让猾褢占了去。外出巡山的山神回来气得直跺脚,就诅咒他:"睡吧睡吧,早晚变成一头猪!"猾褢不以为意,依然呼呼大睡,谁知山神的诅咒应验,猾褢身上真的长出猪毛来。

猾褢身上的毛越长越长,他又懒得打理,看上去真像一只怪物。自此以后,只要他一出现,野兽都吓得跑不动了。

南山经

兕

东五百里，曰祷过之山，其上多金玉，其下多犀、兕（sì），多象。

译文

向东五百里有一座祷过山，山上盛产金属矿物和玉石，山下有很多犀牛、兕和大象。

老君选坐骑

当初，太上老君要西出函谷关。因为路途遥远，再加上他走起路来一瘸一拐的，所以，就决定给自己选个坐骑。经过初步筛选，最终定了三个动物，分别是青牛、犀牛和兕。

"到底哪个行，我得亲自去验验货。"老君心里想。一天傍晚，他来到吴地，看到一头青色水牛气喘吁吁地卧在稻田里，浑身冒汗。老君疑惑道："天也不热啊，青牛怎么一直冒汗？"一旁的老农笑着对老君说："嘿，还说呢，这青

牛胆小如鼠,误把月亮当太阳,一头扎进稻田里就不出来了。"老君怒不可遏,嘴里念叨着:"岂有此理,岂有此理!这怎么能做我的坐骑呢?"

一天夜里,老君又下至岭南,见到犀牛和大象在一块岩石下吵得不可开交。大象说:"天上的月亮好圆啊!"犀牛反驳道:"我看是半圆形的,有时候还是钩子形的呢。"老君抬头一看,心想:月亮明明是圆的,这犀牛的眼神未免太差了,要是选它当坐骑,将来还不把我摔得鼻青脸肿。于是赶紧走了。

过了几天,灰心丧气的老君来到一处名山散心。他见一只神兽站在高崖之上,心里顿时感觉无比安宁。

这只神兽形貌像牛,全身长着黑色的毛,头上长着一只角。老君来了兴致,攀上高崖,发现正是传说中的神兽——兕。

老君问道:"你可是兕?"兕并不着急回答,而是低垂着头,缓缓朝老君走来。老君听着兕均匀的脚步声,心里更加宁静。兕知道老君在寻找坐骑,已在此地等候多时。从此,兕便成了老君的唯一坐骑。

神兽篇

西山经

羬羊

有兽焉,其状如羊而马尾,名曰羬(qián)羊,其脂可以已腊①。

译文

有一种野兽,形貌像普通的羊,长着马的尾巴,名字叫羬羊,它的油脂可以治疗皮肤干裂。

注释

① 已腊:治疗皮肤干裂。

孝心感动羬羊

古代有一座名山叫钱来山。钱来山盛产洗石。这种石头非常神奇,可以去除人身上的污垢。于是,村民就到山上去采集洗石,然后到山下卖掉,以此换取粮食。

挖洗石的村民当中有一个老人叫天成,他孤苦伶仃、

无依无靠。有一天，他上山挖洗石的时候，在路上捡到了一个孩子，便给这个孩子取名叫天宝。从此，他就把天宝装在一个篓子里，背着他上山挖洗石。

日子一天天过去，天宝也逐渐长大。天宝非常孝顺，他看爷爷年纪大了，不忍心再让爷爷天天上山去挖洗石，就把挖洗石的重担接了过来。他看到爷爷双手因常年挖洗石而粗糙开裂，十分难过，就暗自打定主意要挣钱给爷爷买药，把双手治好。

可是药铺里的药太贵了，他根本买不起。他听村里的医生说用羱羊的油脂可以治好爷爷的手。羱羊非常凶猛，根本就捉不到，但是这丝毫阻止不了孝顺的天宝。他一边挖洗石，一边准备些吃的，送给羱羊，并向羱羊祷告，求它们能帮助爷爷。

几年过去了，天宝依然非常虔诚地求羱羊能帮助爷爷。终于有一天，羱羊被天宝的诚心和孝心感动，它们把自己身上的油脂蹭在了树干上，然后让天宝过去取。天宝非常高兴，他将取下的油脂涂在爷爷的手上，果真将爷爷的手治好了。

西山经

葱聋

其兽多葱聋（lóng），其状如羊而赤鬣。

译文

山中的野兽大多是葱聋，形貌像普通的羊，身上长有红色的鬣毛。

葱聋报恩

上古时期，渭水东流，滋养万物。

注入渭水的支流符禺水，发源于符禺山。这座山的南边蕴藏着丰富的铜矿石，北边蕴藏着丰富的铁矿石。山中有两种颇为神奇的植物：一种是文茎，民间传说可治疗耳聋；一种是条草，可避祸驱邪。传说，山中还有瑞兽葱聋和能够防火的红嘴神鸟。

传说归传说，但奇珍异兽长什么样子，村民们都没见过。山下住着一户村民叫阴况。他的儿子天生耳聋，又加上愚笨，因此经常走丢。阴况没办法，就去山中寻找奇花异草，想给自己的儿子治病。阴况寻找了几个月，丝毫没有收获。

这天，阴况像往常一样外出寻草。他在山中发现一只受伤的野山羊，旁边还有一只徘徊的红嘴鸟。阴况顾不得多想，就赶紧把野山羊带回家悉心照料。他的儿子在父亲的教导下，学着给野山羊敷药。可他不小心打翻了油灯，烧着了草席。一旁的红嘴鸟发现了，扑扇了两下翅膀，火就灭了。

没过几天，野山羊的腿好了，阴况便带着儿子一起把它送回了山里。

被放生的野山羊没走多远，就回过身来冲阴况父子微笑着点点头。这时，阴况看见野山羊旁边的一棵树下闪闪发光，他走近一看，发现竟然是他苦苦寻觅的文茎。他恍然大悟，原来他救的是神兽葱聋，那只红嘴鸟是鸱。

他赶紧采了文茎回家熬成药给儿子服下，第二天，儿子不仅能听见声音了，还变得十分聪明。阴况教育儿子一定要做善事，因为人只有做善事才能结善果。他的儿子长大后做了大官，为村民做了许多好事，受到人们的爱戴。

写给孩子的手绘山海经

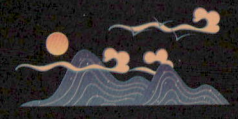

西山经

豪彘

有兽焉,其状如豚而白毛,毛大如笄（jī）①而黑端,名曰豪彘。

译文

山中有一种野兽,形貌像小猪却长着白色的毛,毛如簪子粗细,尖端呈黑色,名字叫豪彘。

注释

① 笄：簪子。

阴险的豪彘

相传很久以前,有一只豪彘住在一棵枣树附近,与在枣树上筑巢的一对斑鸠做邻居。豪彘看斑鸠每天都有枣子吃,心里既羡慕又嫉妒。

有一天,豪彘恨恨地想："那对斑鸠靠吃树上的枣子过活,我自己却一点儿享受不到,我非想办法骗骗它们

34

不可。"

豪彘打定主意，便在枣树下面掘了个地洞，又在旁边堆了个土堆，整日趴在上面，表现出一副很虔诚的样子。斑鸠被它的行为感动，对它非常钦佩，主动向它学习。

斑鸠问："我们怎么才能安下心来，诚心诚意地祈求神明保佑呢？"豪彘闭着眼睛，装模作样地说："为将来着想，你们应该做充分准备。眼下只要有点儿食物，勉强维持生活就行了。所谓知足常乐嘛！"

斑鸠又问："可枣子是我们的生活来源，离开枣树我们就要饿死了。"豪彘说："你可以把树上的枣子打下来收藏在树下的地洞里，然后搬过来和我一起住。我们一起修炼，神明自然会保佑我们。"

斑鸠很感谢豪彘，便跟它的妻子一起一股脑儿把树上的枣子都打了下来。豪彘看着满地的枣子非常欢喜，赶忙搬进洞去，藏了起来。

斑鸠夫妇辛辛苦苦地打枣子，可到最后啥也没落着，它俩只好客客气气地问："豪彘呀，我们的枣子都被你藏到了洞里，你会信守承诺吧？"

"放心，放心。"豪彘一边拍着胸脯一边说，"你们不要这么小心眼儿，要专心向神明祈祷，才能获得成功。"随后斑鸠夫妇随它一起走进洞，可它俩刚一进门，豪彘就把门堵住了。它张牙舞爪，露出了狰狞的面目。

西山经

嚣

有兽焉，其状如禺而长臂，善①投，其名曰嚣（xiāo）。

译文

山中有一种野兽，形貌像猿猴，双臂很长，擅长投掷，名字叫嚣。

① 善：擅长。

六耳猕猴的祖先

浮山再往西七十里，就是羭次山，山上怪石嶙峋，长满奇花奇草。山中有一种野兽，形貌像猿猴，双臂非常长，它的名字叫嚣。也有人说，这种野兽其实就是六耳猕猴。

嚣曾经出现在《西游记》当中，在小说中它就叫六耳猕猴。嚣非常善于投掷，它听说举父可以击中泰山顶上的铜镜，觉得根本没什么大不了的。它找举父一决高下，结果两人比试了好多年都没分出胜负。最后，举父说："我们打成平手吧，这样大家都好过一点儿。"嚣这才作罢。

嚣在羭次山上潜心修炼，得天地朝露滋养，加之自己天生聪慧，因此习得了一身武艺。传说，它曾到各方拜师学艺，很多神仙都十分喜欢它，把自己毕生所学教

神兽篇

给了它。

可嚣后来为什么就成了一只恶兽呢？有人说是山下的人为了挣钱，把嚣生活的环境毁坏得一塌糊涂；也有人说，有神仙要抢占嚣的羭次山，当作自己修炼的地方，所以才惹恼了嚣，嚣心生怨念，发誓要报复人类。

 写给孩子的手绘山海经

西山经

玃如

有兽焉,其状如鹿而白尾,马脚人手而四角,名曰玃(jué)如①。

译文

山中有一种野兽,形貌像普通的鹿,有白色的尾巴、马一样的脚蹄和人一样的手,长着四只角,名字叫玃如。

 **注释**

①玃如:传说中的兽名。

皋涂山的守护神

上古名山皋涂山以物产丰富而闻名。守护这座山的神兽玃如已经有千年的修为,它不问世事,潜心修炼,已经是一位得道的神明,为世人所敬仰。

后来,皋涂山的数斯鸟一族逐渐发展壮大。它们爱凑

热闹，因此经常下山。每次从山下回来，它们都拖着一大堆莫名其妙的东西，堆到自己的巢里，然后跟玃如讲人世间是如何如何繁华。

玃如不为所动，因为守护皋涂山是它毕生的使命。可忽然有一天，玃如发现人类盗挖山上的奇石异草。对玃如来说，这山上的一石一草都与它血脉相连，它怎能允许别人轻易破坏。

愤怒的玃如决定一探究竟。可一到人间，它就傻了眼，这哪里叫繁华啊，简直是太荒凉、太凄惨了。它看见一个姑娘正在分发从山上采来的奇石异草，刚要发怒，却听见姑娘说："大家不要抢，每个人都有，这是山神赐给我们的神物，可以帮助我们摆脱疾病。"

玃如听了姑娘的话，才知道她是心地善良的人。可心地善良也不能偷东西啊，玃如决定找姑娘问问。于是它悄悄现身，对姑娘说："姑娘，我知道你救人是出于好心，可也不能不经山神允许就偷奇石异草啊！"那姑娘见是皋涂山的守护神，立时跪拜道："实在是别无他法啊。现在百姓生活困苦不堪，他们也曾到山下祈求，可山神并无回应。只因走投无路，才私自采摘。"玃如听完，恍然大悟！原来是数斯鸟一族搞的鬼。

过了三个月，百姓渐渐摆脱困境，他们十分感谢那个善良的姑娘，而数斯鸟一族也受到了应有的惩罚。

 西山经

朱厌

有兽焉,其状如猿,而白首赤足,名曰朱厌,见则大兵①。

译文

山中有一种野兽,形貌像普通的猿猴,头是白色的、脚是红色的,名字叫朱厌,它一出现就会发生大的战争。

 **注释**

①大兵:发生大的战争。

朱厌讨公道

朱厌的故事还得从女娲补天说起。

很久很久以前,天被凶神金鳌捅了一个大窟窿,结果导致人间发大水,山川人民无一幸免。女娲知道是金鳌所为,却奈何不了它,因为它太厉害了。所以女娲请朱

写给孩子的手绘山海经

厌来帮忙。

朱厌是只巨大的猿猴，它眼睛喷火，脚底踩火，牙齿冒火，嘴里喷火，整个一支喷火枪。正因为这样，它才能跟金鳌抗衡。

为了说服朱厌，女娲答应封它做天神。于是，朱厌就去迎战金鳌，它上蹿下跳，无比灵活，一会儿就把金鳌绕晕了。

金鳌毕竟是凶猛的野兽，它既然能把天捅个窟窿，肯定具有非凡的本领。有好几次，金鳌差点儿就要伤到朱厌了。最后，朱厌发现金鳌顾头不顾尾，只要把它的尾巴控制住就能制服它。于是朱厌使了一招儿蝎子摆尾，绕过了金鳌，抓住了它的尾巴，果真金鳌就不能动弹了。

女娲看时机已到，急忙拿出宝剑，把金鳌的四条腿斩断，用它们支撑起之前就炼好的一块五彩巨石，补好了天的窟窿。

事成之后，朱厌说起封作天神的事，女娲把头摇得跟拨浪鼓似的，说自己从来没说过这样的话。朱厌虽然生气极了，却又不敢得罪她。其实女娲哪是忘了，而是不敢让朱厌这个暴脾气当天神，要不然这天下还得大乱。气急败坏的朱厌为了泄愤，就经常跑到昆仑山下大骂，还用头去撞金鳌的巨足，搞得天庭摇晃，地动山摇。

附近的老百姓听见巨响都说："朱厌到，天要倒！朱厌怒，天倾柱！朱厌闹，天底掉！"他们暗自庆幸女娲没有给朱厌封神，要不然，再大的天也不够它捅的。

神兽篇

西山经

举父

有兽焉，其状如禺而文臂①，豹尾②而善投，名曰举父。

译文

山中有一种野兽，形貌像猿猴，臂上长有斑纹，有豹子一样的尾巴，擅长投掷，名字叫举父。

注释

① 文臂：臂上有斑纹。
② 豹尾：豹子一样的尾巴。

与后羿齐名的射箭高手

上古时期，天下未定，部落之间经常起冲突，黄帝与蚩尤就是一对冤家。他俩互不相让，为了战胜对方，也是各出奇招。

这不，为了充实部队力量，黄帝招募天下射箭高手，

47

并将"天射""地射""人射"三个封号赐给他们中间的人，领兵征讨蚩尤。

"天射"的封号被后羿夺得。后羿天生神力，弓法了得，还是一个热心肠。曾经天上有十个太阳，他们是天帝的十个儿子，并且每个人都是个大火球。十个太阳一起出现在天空中时，大地犹如一个大蒸笼，万物焦枯，民不聊生。后羿为解民困，弯弓射日，一连射下九个太阳。所以，后羿获得"天射"封号是实至名归。

"地射"的封号被一只灵猴获得。它叫举父，是居住在崇吾山的灵猴。它个头儿虽然不大，但手臂很长，而且上边布满了斑纹，力大无穷。它的绝技不是射箭，而是投掷。它投掷时从来没有失过手，可谓本领高强。

黄帝觉得人们对举父的描述有点儿夸张了，于是想亲自考考它。他在泰山顶上安了一面铜镜，让举父在山下扔石头打铜镜，给它三次机会，有一次打中就算赢。

测试当天，举父一会儿伸伸胳膊，一会儿打打哈欠，一副满不在乎的样子。

可是当太阳从东海海平面上跃出来，举父的眼睛就瞪圆了。眼看第一缕阳光照到了铜镜上，举父便抓起石块，抡圆了胳膊，一个踮脚，将石头扔了出去。黄帝一直在旁观察，他想："就这么一下能打中吗？"

黄帝正想着，只听"当啷"一声脆响，铜镜已经碎成四半。黄帝十分惊讶，对举父佩服得五体投地。后羿听说后竖起大拇指说："论投掷，十个后羿绑在一起也不是举父的对手。"就这样，举父获得了"地射"的封号，从此天下闻名。

写给孩子的手绘山海经

土蝼

有兽焉，其状如羊而四角，名曰土蝼，是食人①。

译文 山中有一种野兽，形貌像普通的羊，长着四只角，名字叫土蝼，它能吃人。

①食人：能吃人。

神兽篇

忠心的土蝼

昆仑山坐落在天地下界的城池旁，山中奇花异草、奇珍异宝，数不胜数。山里长着一种奇特的树，它三年开花、三年结果，传说吃了它的皮可以延长寿命。很多村民都想去山上剥树皮，但因为陆吾是掌管昆仑山的大神，所以没有人敢去。而且，陆吾还有一个下属叫土蝼，它不但忠心而且勇猛。

土蝼长得很奇怪，它看起来像普通的羊，但是却长着四只脚，而且还是一只吃人的怪兽。虽然土蝼十分凶猛，但它却是陆吾的得力干将。

土蝼当初是一只作恶多端的野兽。很多村民都遭到过它的攻击，陆吾一直在感化它，希望它有一天能够变好。但当时土蝼却不知道陆吾的良苦用心，仍然不知悔改。

终于有一次，土蝼的行为惹恼了天神，天神要治它的罪，陆吾替土蝼求情，天神却不为所动。陆吾说："我宁愿损失自己的修为，也要救它。"天神说："好吧。可如果土蝼再作恶，你也将会受到惩罚！"

土蝼得知此事后非常感动，便收敛了自己的行为，成了一只忠心耿耿地守护山林的神兽。

写给孩子的手绘山海经

西山经

狪

有兽焉，其状如赤豹，五尾一角，其音如击①石，其名如狪。

译文

山中有一种野兽，形貌像赤豹，长着五条尾巴和一只角，它发出的声音如同敲击石头的响声，名字叫狪。

注释

①击：敲击。

百兽之王

狪原本居住在上古名山章莪山上。这座山虽然有名，但山上物资匮乏，草木皆不能生长，只有怪石。

章莪山上有很多怪兽，有只有一只脚的夔牛、像野猪一样的屏蓬，还有长着一双人脚的怪鸟橐蜚。

52

由于山上可以吃的东西太少了，这些野兽只能捕食一些飞鸟走兽。可就这点儿东西，哪够它们吃呀，所以它们经常互相残杀。

这一天，它们为了一只小山羊吵得不可开交，甚至大打出手。它们从早晨打到了晚上，一刻也没有消停。由于动静太大了，吵醒了一只沉睡在洞中的怪兽狰。

狰平时窝在自己的洞里，从来不跟它们争抢。没人知道它靠什么生存，但它们都惧怕狰，因为它太凶猛了，没有野兽是它的对手。

狰从洞里慢慢走出来，大吼一声："都给我闭嘴！吵死了！"

狰声如洪钟，把野兽们都吓坏了。它们只听说过狰的大名，但从来没见过它。如今见到它的真面目，更是吓得不行。

像豹子一样的狰威风凛凛地站在岩石上，它周身通红，长有五条尾巴，野兽们见了纷纷低下头，不敢再高声说话。

从此，狰成了百兽之王。它定下规矩，众兽捕猎的食物，要共同分享，不可独自享用。大家要共同维护山里的秩序。从此章莪山又恢复了往日的平静。

 西山经

天狗

有兽焉,其状如狸而白首,名曰天狗,其音如猫猫,可以御凶。

译文

山中有一种野兽,形貌像野猫,长着白色的脑袋,名字叫天狗,它发出的叫声与『榴榴』的读音相似,人饲养它可以避凶邪之气。

天狗护主

后羿射日,救民于水火,百姓都对他感恩戴德,可天帝却十分生气,他想:"天下百姓是高兴了,可我却失去了九个孩子。"天帝决心惩罚后羿,可又不能名目张胆地惩罚,只能暗地里出损招儿。

一天,天帝命人把后羿请到天神宝殿,要封后羿为神。明眼人都看得出,这是天帝摆的"鸿门宴"。可后羿忠

厚老实，思虑再三，还是决定前去，并且带上了自己的伙伴天狗。

一上大殿，天帝就拉下了脸，说："后羿，你怎么能带一条狗到我的宝殿上来呢？这分明是不把我放在眼里啊！"后羿不慌不忙地说："天帝，这是天狗，是上天派来助我一臂之力的神兽，难道您不知道吗？"

天帝一听，赶忙问身边人是否真有此事，随从赶紧回话："后羿说的是真的。这天狗乃镇守东天门的神兽，不知为何，竟然被派到人间，最后还跟了后羿。"天帝自觉理亏，可又不想失了威严，就找借口让人把后羿抓起来。

天狗见有天兵来捉后羿，立马龇牙咧嘴，吓得天兵不敢靠前。天帝知道天狗的厉害，不敢轻举妄动，双方僵持不下。

天帝不想让自己太难堪，最后悻悻地说了句："好了好了，我也不是要抓你，的确是你不对在先。你快走吧，把狗也带走。"

天狗护主的故事传到了人间，人们都称赞天狗是个忠诚的伙伴。人间的狗也纷纷效仿天狗，成了人类忠诚的朋友。

 西山经

獓𪖨

其上有兽焉，其状如牛，白身四角，其豪^①如披裟（suō）^②，其名曰獓𪖨（áo yē），是食人。

 译文

山上有一种野兽，形貌像普通的牛，长着白色的身子和四只角，身上的硬毛又长又密，好像披着蓑衣，名字叫獓𪖨，能吃人。

 注释

①豪：身上的硬毛。
②披裟：披着蓑衣。

獓𪖨的传说

很久以前，巴彦喀拉山下有一个部落要迁徙，他们要寻找水草丰沛的地方居住。当他们经过一个峡谷的时候，听到有非常悲苦和凄切的声音传来，便停下了脚步。

这时，从山脚下走出了一头白色的牛，这头牛非常漂亮。它的身子是白色的，头上长了四只角，身上有着又长又密的毛，就好像穿着一件蓑衣一样。

部落的很多人把它误认为是一只牦牛，因此并不害怕它。他们准备走上前去，但就在这时，这头牛突然冲部落的人大叫了一声，声音比刚才更加痛苦和悲切，人们便不敢靠近了。

部落的人很纳闷儿，他们不知道这头牛要干什么，以为它发疯了。可说时迟那时快，从空中突然飞下来一只黑色的大怪兽，那只怪兽长得像一只鸟，眼睛是红色的，嘴里喷着火，舌头特别长，爪子甚是锋利。有人认出来它，就是传说中的黑色巨怪，这头白色的牛发出这样的叫声，是为了提醒部落里的人，不要再往前走了。

白色的神牛和这只黑色巨怪搏斗起来，它们搅得天昏地暗，飞沙走石，最后白色神牛用自己尖锐的角刺进了黑色巨怪的肚子。

部落的人非常感激这头牛，后来他们才知道它的名字叫傲狠。在傲狠的保护下，部落的人最终找到了一个水草丰美、适合居住的地方。

传说傲狠是吃人的，但是从来没有人见过它吃人，反而见过它为了保护人类而献出自己的生命。后来，傲狠慢慢地退化成了牦牛，成了人类永远的伙伴。

 西山经

谨

有兽焉,其状如狸,一目而三尾,名曰谨(huān),其音如夺①百声②,是③可以御凶,服之已瘅(dàn)④。

译文

山中有一种野兽,形貌像一般的野猫,长着一只眼睛和三条尾巴,名字叫谨,它发出的声音能赛过一百种动物叫的声音,饲养它可以避凶邪之气,人吃了它的肉就能治好黄疸病。

 **注释**

①夺:赛过。

②百声:一百种动物叫的声音,泛指多种声音。

③是:通"饲"。

④已瘅:治好黄疸病。

讙的故事

上古名山翼望山坐落在南山山系以东六百里的地方，山上寸草不生，但是却蕴藏着丰富的金属矿物和玉石。

山上有一种专门吃鸟的怪兽，它的体形和狸猫特别像，却只长了一只眼睛，并且有三条尾巴，它的名字叫讙。讙能够模仿近百种动物的叫声，是天生的模仿大师。

相传讙可以驱除凶邪，而且胆子非常大。它什么都不害怕，在翼望山，讙几乎是最大胆的动物。它敢于挑战比它身体大几倍，甚至大十几倍的动物，又加上它可以模仿动物的叫声，因此经常模仿一些猛兽的叫声，把其他动物吓跑。

住在翼望山下的很多村民都说曾听到过讙的叫声。但他们听到的其实并不是讙的叫声，而是讙模仿其他动物的叫声。但是村民们却认为这座山里有很多的猛兽，吓得不敢上山。本来翼望山上只有一只讙，后来不知道从什么地方又来了一只。两只讙每天互相欺骗，学着各种动物发出叫声，甚至它们见到彼此之后，仍然不知收敛。

最后，山下的村民发现了它们的伎俩，就把它们的形象做成了辟邪的符，绑在了家门口，用来吓跑其他的野兽。

写给孩子的手绘山海经

驳

有兽焉,其状如马而白身黑尾,一角,虎牙爪①,音如鼓,其名曰驳(bó),是食虎豹,可以御兵②。

译文

山中有一种野兽,形貌像普通的马,长着白身子和黑尾巴,有一只角,以及老虎那样的牙齿和爪子,它的叫声如同击鼓,名字叫驳,是能吃老虎和豹子的,可以用它来抵御兵器的伤害。

注释

①虎牙爪:有老虎那样的牙齿和爪子。
②御兵:抵御兵器的伤害。

一声哀鸣化干戈

中曲山虽不高，但物产丰富，因此百物滋生。山上生活着一种叫䮝的异兽，它长得像普通的马，但是比马的身形要大许多。而且它的身子是白色的，尾巴是黑色的，额头上长了一只角，像一只独角兽。它的牙齿和爪子像老虎的一样锋利，吼叫起来就像击鼓一样。传说饲养它可以避免兵刃之灾。

炎帝和黄帝曾经是部落的首领，但因为奸臣的挑拨离间，他们之间出现了很多的误会。终于有一天，他们准备开战。其实，炎帝和黄帝并不想开战，因为战争只会给人民带来痛苦。黄帝不愿与炎帝互相残杀，于是就请自己的谋士想办法。谋士说有一种叫䮝的异兽可以避免战争，于是黄帝把䮝请到了两军阵前。

眼看战争一触即发，䮝迈着轻盈的步子走到阵前，发出了如击鼓一般的声音。士兵们听到它的声音后无心恋战，而炎帝和黄帝也想起了他们之间的情谊，放下了手中的兵器。后来，䮝慢慢退化成了普通的马，成为人类的伙伴。

神兽篇

西山经
孰湖

有兽焉，其状马身而鸟翼，人面蛇尾，是好举人①，名曰孰湖。

译文

山中有一种野兽，长着马的身子、鸟的翅膀、人的面孔和蛇的尾巴，它很喜欢把人举起来，名字叫孰湖。

注释

①举人：把人举起。

人类的好朋友孰湖

崦嵫山坐落在鸟鼠同穴山西南方向三百六十里的地方，这座山物产丰富，山上有很多的奇珍异兽和奇花异果。山上的丹树结的果实非常大，而且纹理是黑色的，这种果实不仅可以治疗黄疸病，还可以防火。

67

这座山上还有一种跟人关系特别好的野兽，叫孰湖。孰湖虽然看起来像马，但是却长着鸟的翅膀、人的面孔和蛇的尾巴。孰湖不仅喜欢把人举起来，还非常愿意帮助别人。

有一天，有个叫王玉的年轻人到山上去采集果实，突然他碰到了一只奇异的怪兽孰湖。孰湖看上去十分凶恶，这个年轻人被吓得站在原地，不敢动弹，可是孰湖却一脸微笑地向他走去。

王玉说："不要靠近我！"

孰湖说："别害怕，我是不会伤害你的。"

王玉虽将信将疑，但是他却又不敢跑。他们面面相觑，不知道如何化解尴尬。最后孰湖钻进林子里取回了很多

奇珍异果送给王玉，王玉才放下戒备，他们最终成了好朋友。有一次王玉到山上去采果子，由于刚刚下过雨，山路十分湿滑，王玉一个不小心，从陡峭的山路上滑了下去。孰湖发现后，迅速从林子里冲出来，挡在了王玉的后面，救了他一命。

　　传说，黄帝非常喜欢孰湖，他曾驯养了一大批孰湖，这些孰湖在黄帝的调教下变成了战马，帮助黄帝打了很多的胜仗。

西山经

穷奇

其上有兽焉,其状如牛,猬①毛,名曰穷奇,音如獆狗②,是食人。

译文

山上有一种野兽,它的身形像一般的耕牛,全身长着像刺猬那样的毛,名字叫穷奇,它发出的叫声像叫,吃人。

注释

①猬:刺猬。
②獆狗:狗叫。

对付穷奇的办法

上古时期,西北地区有一种名叫"穷奇"的恶兽。它长得像牛,浑身布满刺猬一样的毛,牙尖爪利。它叫起来"汪汪汪"的,像狗叫。

光听名字就知道,穷奇,穷奇,穷凶极恶,无所不用

其极。穷奇所到之处，民不聊生。

穷奇似乎天生就有反人类倾向，心态也不怎么好。它见谁好就恨谁，见谁优秀就嫉妒谁，并且会想尽办法把嫉妒对象吃掉。

为了对付它，村民们想了很多办法，其中的一招儿很是高绝，那就是将穷奇拜为神，供在庙中，天天给它上香。穷奇在庙里的形象，真就看上去既端正又庄严。

当穷奇想去为害人类的时候，村民们就会站出来，跟它说："我们都把你供奉为神明了，你要像个神明一样注意自己的言行举止，提升自己的修为和品行。"

穷奇听后便涨红了脸，支吾着说不出话来。于是，它就夹着尾巴，灰溜溜地逃跑了。

再后来，村民们将穷奇的形象印在书里，让它"千古流芳"。吃人的穷奇找不到作恶的理由，整天躲在洞里生闷气，时间久了，竟然被饿死了。

> 神兽篇

北山经

臞疏

有兽焉，其状如马，一角有错①，其名曰臞（huān）疏，可以辟火。

> 译文
>
> 山中有一种野兽，形貌像普通的马，长着像磨刀石一样的角，名字叫臞疏，把它养在身边可以躲避火灾。

> 注释

①错：磨刀石。

中国古代的独角兽

独角兽在古代神话中是神兽的代表之一，而在现代小说中几乎没有它的踪迹。关于独角兽的故事，往往流传在坊间，且充满各种神奇色彩。

远古时期的皇帝伏羲，大约生活在公元前2800年。

他大概是有文字记录以来第一个发现独角兽的人。一天，伏羲正靠在一棵树旁思考问题，突然看到一头奇特的鹿。这头鹿体形和一头小牛差不多，额头上长有一只银色的角，身上的皮毛五颜六色的，并带有很多奇怪的花纹。它到来后，河水顿时变得清澈了，枯树发出了新芽，大地一片生机盎然。伏羲在追逐它的过程中想到了可以用它留下的足迹来记录信息，由此诞生了最早的文字雏形。

后来，黄帝也在自己的庭院里看到过独角兽。年迈的黄帝看到它后，顿时感觉心里十分安然。黄帝死后，人们认为他的灵魂附在了独角兽的身上。从那以后，独角兽的出现被视为吉祥的象征。历朝历代的皇帝为了追求长生不老，不惜耗费大量的人力、物力和财力让术士、巫师等四处寻找独角兽的踪迹，却都一无所获。

那些愚昧的皇帝或许还不知道，独角兽不仅能给人带来吉祥，还有可能是坏事要发生的预兆，甚至预示着有重要的人物，比如皇帝要驾崩。如果他们知道了这些，还会热衷于寻找独角兽吗？

北山经

耳鼠

有兽焉，其状如鼠，而菟(tù)^①首麋(mí)耳，其音如獆(háo)^②犬，以其尾飞^③，名曰耳鼠，食之不睬(cǎi)^④，又可以御百毒。

译文

山中有一种野兽，形貌像一般的老鼠，长着兔子的脑袋和麋鹿的耳朵，发出的声音如同狗叫，用尾巴飞行，名字叫耳鼠，人吃了它的肉不仅会得腹部鼓胀病，还可以躲避百毒之害。

注释

① 菟：通"兔"，兔子。

② 獆：泛指野兽吼叫。

③ 以其尾飞：用（它的）尾巴飞行。

④ 睬：腹部鼓胀病。

耳鼠

上古时期有一座名山，名叫虢（guó）山。虢山以北二百里有座丹熏山。丹熏山中生活着很多野兽，其中有一种叫耳鼠。耳鼠长着兔子的脑袋，麋鹿的耳朵，叫起来像一只嘴里含着食物的哈巴狗，发出呜呜的声音。

耳鼠最神奇之处是它飞翔时不是靠翅膀，而是靠它那条强健的尾巴。耳鼠每天在山林里穿梭寻找食物，像个技术高超的飞行家。很多体形庞大的动物都追不上它，因此它几乎没有天敌。

一天，耳鼠像往常一样外出寻找食物，在经过一片树林的时候，一不小心被树枝剐伤了。耳鼠大叫一声跌倒在地上，并且流了很多血。可是，耳鼠的伤口很快就自己愈合了，甚至连个伤疤都没留下。

从此，耳鼠变得更加神气起来。它不仅在丹熏山找吃的，还经常到农户家里偷吃。因此，很多农民都认识这个"偷吃贼"。

不知从什么时候起，民间便流传着这样的传说：吃了耳鼠的肉，可以不做噩梦，也可以抵御百毒侵害。可是，从来没有人逮到过耳鼠，因为人们刚发现它们，它们早就很快飞走了。

北山经

足訾

有兽焉，其状如禺而有鬣①，牛尾、文臂、马蹄（tí），见人则呼，名曰足訾（zī），其鸣自呼②。

译文

山中有一种野兽，形貌像猿猴，长着鬣毛，还有牛一样的尾巴、长满花纹的双臂、马一样的蹄子，它一看见人就呼叫，名叫足訾，它发出的叫声就是自身名字的读音。

神兽篇

注释

①鬣：某些兽类（如马、狮子等）颈上的长毛。

②其鸣自呼：它叫的声音便是自身名称的读音。

一吼定山规

　　上古名山蔓联山，坐落在边春山以北二百里的地方。

　　山上住着一种奇异的怪兽，它的名字叫足訾。乍眼看去，它就像一只巨型的猿猴，身上有一层厚厚的鬣毛。但是走近一看，却发现它长着牛的尾巴、马的蹄子，而且它的前臂上有着奇特的花纹。它的叫声非常奇特，听

起来就像是在喊"足訾",于是人们就把它叫作足訾。

虽然这么说,但人们从来没有真正看见过它,因为它从不轻易现身,而是躲在山洞里,过着自给自足的小日子,从不参与纷争。至于它躲在哪个山洞,那就更不得而知了。

山上除了足訾之外,还有其他的猴类,有狒狒、猩猩,等等。它们为了争夺地盘打得不可开交,这让足訾一家不胜其扰。

后来它们不光争地盘,有时候还为了吃的东西大打出手。

终于有一天,猩猩和狒狒在打斗的时候,把足訾家门前的一棵树不小心推倒了,足訾非常生气,冲出来对它们吼道:"足訾,足訾!"它的声音震天响,把从未见过足訾的猩猩和狒狒吓坏了。

足訾说:"你们以后不能再打闹了,每个族群都到自己的领地去采摘食物,不能争抢。"从此,山上变得井然有序,猩猩和狒狒也因为忌惮足訾的神力和威严,将它供奉为族神。

北山经

诸犍

有兽焉,其状如豹而长尾,人首而牛耳,一目,名曰诸犍(zhū jiān),善咤(zhà)①,行则衔②其尾,居则蟠其尾。

译文

山中有一种野兽,形貌像豹子,拖着一条长长的尾巴,还长着人一样的脑袋和牛一样的耳朵,只有一只眼睛,名字叫诸犍。诸犍喜欢吼叫,行走时用嘴衔着尾巴,睡觉时将尾巴盘起来。

注释

①咤:吆喝。

②衔:用嘴含着。

诸犍的尾巴

诸犍是一只很奇怪的神兽。它的形貌像豹子,长着人的脑袋、牛的耳朵,只有一只眼睛。它的叫声特别大,

声音可以传得很远。

诸犍拖着一条长长的尾巴，它非常爱惜这条尾巴，连睡觉都将它卷起来收好。据说，诸犍本是青要山女神武罗坐下的守护兽，不过那时候它还没有尾巴。诸犍觉得自己既然是神兽，当然要有一条自己的尾巴。而且它还把不能进入灵兽的行列归咎于此。诸犍又认真观察了其他大神和神兽，发现它们都长有豹尾或虎尾。

于是，诸犍下定决心，无论如何要给自己弄一条尾巴。终于有一年，女神武罗的好朋友鲧因为偷盗珍贵的天土救人而被处死，武罗担心鲧的尸体被其他兽类破坏，因此派诸犍去保护。

诸犍推说自己没有尾巴，保护不了鲧的尸体。武罗觉得保护鲧的尸体和有无尾巴并没有什么关联，可诸犍却坚持要一条尾巴才去当差。武罗只好把自己的尾巴暂时借给了诸犍。得到尾巴的诸犍一溜烟地跑了，早就把保护鲧的尸体的事情忘到了九霄云外。它每天护着自己的尾巴，在人间兴风作浪，就等着晋级为灵兽。

诸犍不知道的是，晋级灵兽跟尾巴没有一丁点儿关系，只有做善事、积福报才能晋级。它整日干坏事，当然无法晋级。而且诸犍虽然凶猛，但由于尾巴太长，行动不便，这条尾巴便成了村民攻击的目标。

 北山经

那父

有兽焉,其状如牛而白尾,其音如訆(jiào)①,名曰那父。

译文

山中有一种野兽,形貌像普通的牛,拖着一条白色的尾巴,发出的声音如同人在高声呼唤,名字叫那父。

①訆:通"叫",呼唤,大叫。

呼唤自己的怪兽

灌题山上长满了臭椿树和黄桑树,还盛产一种磨刀石。住在山下的村民常常进山采石,拿到集市上换钱。

有一天,一位刚搬来不久的村民也跟着大家上山采石。

在采石时，他不知不觉走进了森林。这里光线幽暗，气氛有些诡异。

村民刚想回头，忽然听见了一阵叫声："那父！那父！"村民还以为是同伴在跟自己开玩笑，便说道："是谁躲在那里？快出来！"村民话音刚落，就见前面不远处出现了一个身影。可这根本不是个人，而是一头牛。这头牛长着白色的尾巴，用眼睛盯着村民，嘴里还发出"那父，那父"的声音。村民的冷汗唰地下来了。

"怪……怪物啊！"村民大声叫喊着，连滚带爬地冲出了林子。

附近采石的人们听见他的喊声，纷纷跑过来问："怎么了？发生什么事了？"

被吓坏的村民喊道："那里有个怪物！"

众人顺着他手指的方向看去，只见刚才那头牛悠闲自在地走了出来，嘴里仍然喊着"那父，那父"。

众人哈哈大笑起来。一个人道："你是刚搬来的，难怪不认得。这种牛叫那父，就住在山里。它不会伤害人的，不用害怕。"

听了这番话，这位村民才松了口气。后来他在进山时常常遇到那父。他发现那父跟普通的牛一样，每天只知道吃草，就再也不害怕了。

神兽篇

北山经

窦窳

有兽焉,其状①如牛,而赤身、人面、马足,名曰窦窳(yà yǔ),其音如婴儿,是食人。

译文

山中有一种野兽,形貌像普通的牛,长着红色的身子、人的面孔、马的蹄子,名字叫窦窳,它发出的声音如同婴儿啼哭,能吃人。

注释

①状:形貌,样子。

原本是神仙的窦窳

传说窦窳本是天神,而且在天庭待人和善,是一位十分受欢迎的神仙。

天神贰负见窦窳这么受欢迎,心里十分不平衡。他想:

"都是天神，凭什么你就处处受人爱戴，我就不行。"所以便动了歪脑筋，挑唆危去谋杀了窫窳。天帝知道这件事后十分震怒，就处死了危，重罚了贰负。

后来，天帝怜悯窫窳，便命手下把他的尸体抬到昆仑山，让几位巫师用不死药救活了他。谁知巫师们在给窫窳用药的时候，没有把握好药剂的量，结果导致他神志迷乱，走着走着就掉进了昆仑山下的弱水里，而且变成了一头牛的样子。它身体是红色的，长了一张人脸，叫声就像婴儿啼哭。

窫窳见自己变成这副模样，心里十分痛苦和怨恨，于是便经常出来为祸人间。遇到有能力的君王，它就悄悄躲起来；遇到那些无能的君王或者灾年，它才出来为非作歹。不幸的是，有一年，天上一下出现十个太阳，它们炙烤着大地，天气异常炎热，民不聊生，窫窳又出来作恶。后羿施展神力，一连射下了九个太阳，救民于水火。并且，顺便把窫窳给打死了。

北山经

诸怀

有兽焉，其状如牛，而四角、人目、彘①耳，其名曰诸怀，其音如鸣雁②，是食人。

译文

山中有一种野兽，形貌像一般的牛，长着四只角、人的眼睛、猪的耳朵，名字叫诸怀，它发出的声音如同大雁鸣叫，吃人。

注释

①彘：猪。
②其音如鸣雁：发出的声音如同大雁鸣叫。

诸怀的故事

很久很久以前，北岳山上有一种名叫诸怀的野兽，它能吃人，样子看起来像普通的牛，长着四只角、人的眼睛、猪的耳朵。它喜欢在夜间出没，还能发出像大雁

一样的叫声。

住在山下村子里的人都不敢上山，可是一个叫计熊的人不相信什么怪兽吃人的传说，他只想捕捉大雁，然后卖了买酒喝。因此，他跟村里几个胆子较大的年轻人说："根本就没有什么吃人的故事，都是他们故意说出来骗人的。咱们一块儿到山上去捉大雁，拿来换酒喝。"

村里几个年轻人盲目相信了他，跟他一块儿到山里去捉大雁。夜里山上静悄悄的，四下无声，伙计们有点惧怕，说道："我们赶紧回去吧，这里太吓人了。"计熊嘲笑他们说："就你们这点儿胆子，还想吃大雁肉，见鬼去吧！"

几个人都不敢说话了，只好跟在他的后面。他们走啊走啊，忽然听见了大雁的叫声，计熊更加神气起来，他说："你们听到声音了吧，我没有骗你们，咱们马上就能捉住大雁啦！"于是他们循着大雁的声音往前走。等到他们离叫声越来越近、拨开草丛看的时候全都傻了眼：眼前哪是什么大雁啊？！分明是一只怪兽。这只怪兽就是诸怀，长相跟村里老人描述的分毫不差。

几个年轻人全被吓破了胆，连脚都挪不动了。他们中间走在最后面的那个人，见情况不对，转头就往山下跑。计熊等人因逃跑不及时被吃掉了，只有他一人活了下来。

神兽篇

 北山经

狍

有兽焉，其状如豹而文首①，名曰狍（yǎo）。

译文 山中有一种野兽，形貌像一般的豹子，脑袋上有花纹，名字叫狍。

 注释

①文首：脑袋上有花纹。

面凶胆小的狍

隄水发源于隄山，向东流入泰泽。隄水中住着一只龙龟。相传，龙龟是龙的儿子，它喜欢游山玩水，游玩到隄山时，见风景秀美，便在这里住了下来，还跟经常到隄水边喝水的小野马们成了好朋友。

有一天，小野马们正在隄水河边嬉戏打闹，突然，蹿出来两只长得像豹子、脑袋上有奇怪花纹的野兽，小野

马们吓得浑身颤抖。龙龟看见了，不慌不忙地说："不要担心，这是狍，它们可是非常霸道和傲慢的家伙。"两只狍冲小野马们龇牙咧嘴地说："这是我们的地盘，你们赶紧滚蛋！"小野马们不想离开但又十分惧怕两只狍，一时手足无措。

龙龟笑嘻嘻地说："你们不要害怕，它们虽然看起来长得很恐怖，但是很胆小。"它对领头的野马偷偷说了几句话，领头的野马就笑了起来。

领头的野马把大家召集在一起，它们排成一排，壮着胆子朝两只狍走了过去。原本神气十足的狍看见野马们这么团结，心里也有点儿打鼓："它们竟然不害怕我们。"

它们露出了更加狰狞的面目。可是野马们毫无惧色，仍然向前走着。这时，两只狍心虚了，只好连连后退。野马们看狍果真是非常胆小，胆子更加大了起来。最后，两只狍被逼得钻进了树林，夹着尾巴逃跑了。

从那以后，在隅山再也没有看到狍的踪影。龙龟和野马们在水边嬉戏打闹，过得幸福而快乐。

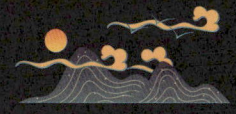

北山经

狍鸮

有兽焉，其状羊身人面，其目在腋下，虎齿人爪，其音如婴儿，名曰狍鸮（páo xiāo）①，是食人。

译文

山中有一种野兽，身体像羊，有一副人的面孔，眼睛长在腋窝下，它的牙齿像老虎的一样，还有人一样的指甲，发出的声音如同婴儿在啼哭，名字叫狍鸮，吃人。

注释

①狍鸮：即饕餮。

贪吃的饕餮

饕餮贪吃，是人尽皆知的。这种怪兽在商周时期的青铜鼎上形象往往是张着血盆大口，龇牙咧嘴的，看上去十分凶残。其实这些只是它饥饿时的表现，因为它的胃

口实在太好了。用现在的话说，它就是一个吃货。

　　传说有一年，天下大旱，百姓颗粒无收，路上都是因吃不饱饭而饿死的人。饕餮因为贪吃，从来储存不下食物。它把能吃的东西都吃光了，就跑出来祸害人类。它太饿了，看见什么就吃什么，吃到最后，只能吃草、啃树皮，有时甚至吃死去的动物来充饥。可是即使这样，它还是感觉很饿。于是它只能开始吃房子、喝河水，甚至吃人。人们都十分畏惧它。后来饕餮实在找不到别的东西吃了，就把自己的手和脚吃了，最后连整个身体也都吃了进去，只剩了一颗头。

　　人们听说了饕餮的故事，觉得做人可不能像饕餮一样贪得无厌，所以便把它的形象刻画在各种容器、衣服和日常物件上，以提醒自己和别人。后来，人们又用饕餮来驱鬼避祸。有位贪吃的皇帝看到了饕餮，觉得它"颇有皇家风范"，于是命人把它刻在青铜器上。祭祀大典的时候，饕餮摇身一变，成了祭祀大典上的"贵客"。

　　后来，很多人家大门口都会贴一幅饕餮的画像，他们指着饕餮跟自己家孩子说，以后长大了，可不能像它一样，只知道吃，不然到最后什么吃的都没了，就只能吃自己了。

 北山经

天马

有兽焉,其状如白犬而黑头,见人则飞,其名曰天马,其鸣自讯①。

译文

山里有一种野兽,形貌像普通的白狗,长着黑脑袋,一看见人就腾空飞起,名字叫天马,它的叫声就是自身名字的读音。

 **注释**

①讯:通"叫",大声呼叫。

善良的天马

很久很久以前,有一种长着翅膀的怪兽,因为发出的叫声就是"天马,天马",所以人们称它们为天马。

天马善解人意,为人类做了成千上万件好事。

有一天,一个小男孩独自在街上玩耍,这时,一辆车飞驰而过,小男孩却毫不知情。眼看危险正悄无声息地

逼近小男孩，情况万分危急，只见一匹天马犹如一支离弦的箭，从天而降，冒险把他救了下来。天马救下的小男孩是国王的儿子。小男孩回到王宫后，就把天马救自己的经过一五一十地讲给国王听。

国王想感谢天马的救子之恩，就和儿子走出王宫，对着天空高声喊道："天马，你在哪里？谢谢你救了我的儿子，能让我见见你吗？"国王喊得嗓子都冒烟了，可天上一点儿反应都没有。

第二天，国王又和儿子继续对着天空喊，可仍然没有丝毫动静。一连几天，天天如此。国王并没有灰心，一直这样做。一周过去了，一个月过去了……"精诚所至，金石为开"，国王的诚心终于感动了天马，它终于降落国王面前。

国王说："天马，您救了我儿子的命，我想修一座庙宇来供奉您的神像！"天马说："修庙宇不用了，如果您确实想报答我，希望能让您的臣民不要再捕杀嗷嗷待哺的小鸟。"

天马离去后，国王立即向全国颁布了一道禁止捕杀鸟类的诏书，但还是有人在偷偷地捕杀小鸟。天马在空中看到有人偷杀小鸟的场面，十分难过。为了不让这种悲剧继续下去，天马将自己的翅膀送给了小鸟。

北山经

飞鼠

有兽焉，其状如兔而鼠首，以其背飞①，其名曰飞鼠。

译文

山中有一种野兽，形貌像一般的兔子，脑袋像老鼠，它借助背上的毛飞行，名字叫飞鼠。

注释

① 以其背飞：借助它背上的毛飞行。

飞鼠到底是谁的亲戚

很久很久以前的一天，住在天池山下的老鼠和兔子相约去山上逛逛。虽然这山上没有花草，但有数不尽的石头，而且这些石头上都刻着好看的花纹。老鼠和兔子玩得很开心，不知不觉玩到了天黑。四周漆黑一片，它们不想赶夜路，商量过后决定住在山上。

于是，它们各自打好了洞，并用一块大石头遮挡洞口，准备休息。这时，一个身影突然从石头旁边一闪而过。老鼠和兔子被吓了一跳。老鼠看见了它的头，而兔子看到了它的身体。

第二天一早，老鼠睡醒后，想起昨晚的身影，于是刚钻出洞来就喊道："哎——邻居——你好啊——"

兔子听见后，从洞里钻出来问老鼠："你是在叫我吗？"

老鼠说："才不是呢，我昨天晚上看见一个动物的影子，它跟我长了一样的头。我敢肯定，它是我的亲戚！"

兔子说："我也看到了，可是它的身子明明跟我一样，它是我的亲戚才对。"

老鼠说："哼，要不然我们把它叫出来，看看它到底是谁的亲戚。"兔子不服气地说："看就看，谁怕谁！"

于是，老鼠和兔子一起喊："邻居——你快出来啊——"

这时，石头缝里突然露出一个兔子身体，它说："老鼠，我跟你不一样哦。"还没等兔子高兴，这时又露出一个头来，说："兔子，我跟你也不一样哦。"

老鼠和兔子糊涂了，不明白到底是怎么回事。邻居看老鼠和兔子一脸疑惑，便从石头缝里钻了出来，露出了整个身子。原来，它长了老鼠的头和兔子的身体，它是一只飞鼠。

 **北山经**

𪊨𪊨

有兽焉，其状如羊，一角一目，目在耳后，其名曰𪊨（dòng）𪊨，其鸣自讻（jiào）。

译文 山中有一种野兽，形貌像一般的羊，只有一只角和一只眼睛，它的眼睛长在耳朵后边，名字叫𪊨𪊨，它发出的叫声便是自身名字的读音。

公正无私的𪊨𪊨

空桑山再往北三百里就是泰戏山。泰戏山上不长草木，只有奇形怪状的石头。瑞兽𪊨𪊨住在这座山上，日夜修炼，从不停息。

𪊨𪊨的外貌看起来像一只羊，但是却只有一只眼睛，

它的叫声就像它名字的读音一样，"辣辣、辣辣"的。传说，只要辣辣出现，皇宫里就会发生灾祸。不过，这些灾祸对于普通人来说反而是好事。毕竟老百姓整天受皇宫里那些权贵的压榨，心里早就怒气满满了。

也有民间传言，辣辣是公平公正的化身，它虽然只有一只眼睛，但是这只眼睛能辨别是非曲直。如果它发现了邪恶的人，就会用它的角把他刺伤，然后吃掉。

有一年，有一位忠臣因为直言进谏惹恼了当朝的宰相，宰相是一个非常邪恶的人，他想尽办法要把忠臣除掉，所以就设下了一个圈套，想忠臣自己落入圈套。他想："只要把他除掉，朝堂之上就没有人能奈我何。我就没有后顾之忧了。"可恨的是，当时的皇帝也被他蒙蔽了双眼，对他唯命是从。大臣们忌惮宰相的淫威，敢怒不敢言。

其中一位叫鲁正的大臣，懂得一些神奇之术，他想起来山中有一种瑞兽叫辣辣，主张公平公正。因此，在忠臣去赴"鸿门宴"的前几天，鲁正就进山去寻找辣辣。经过一番苦苦寻找，鲁正最终把辣辣请到了皇宫。辣辣果然识破了宰相的阴谋，用锋利的角刺杀了宰相，然后把他一口吞掉。一旁的皇帝被吓破了胆，从此再也不敢陷害忠臣了。

神兽篇

獂

有兽焉，其状如牛而三足，其名曰獂（huán）①，其鸣自诙。

译文

山中有一种野兽，形貌像普通的牛却长着三只脚，名字叫獂，它发出的叫声便是自身名字的读音。

① 獂：传说中的野兽名。

勇敢机智的獂

上古神兽獂长得像牛，可跟牛相比又少了一条腿。它们世代生活在乾山中，受山中雨露滋养，修炼得通了人性。獂天生勇敢机智，但是却没有伙伴，因此十分孤独。

一天，山下的村民符康赶着牛群到山上放牛。忽然山中传来了"獂、獂"的声音，牛群循着声音跑了过去。

符康在后面追赶，可无论他怎么喊，牛儿也不停下。

等他赶上牛群，才发现牛群里来了一只既像牛又不是牛的怪物。獂看见符康后和善地说："别害怕，我不会伤害你的，我只是太孤单了，想找个伙伴。"

正说着，突然蹿出一只猛虎，冲着牛群龇牙咧嘴。符康被吓坏了，牛群也躁动起来。符康想："这下可完了，牛儿保不住了，没准儿我也得丢了性命。"

獂对符康说："你别害怕。我去引开老虎，你见机带着牛群赶紧跑。"于是，獂冲着老虎发出了"獂、獂"的声音，老虎果然被吸引了过去。

老虎紧紧追赶獂。等快到悬崖边的时候，獂突然停了下来，老虎来不及收住脚步，一下子掉下了悬崖。符康对獂充满了感激，答应让它和牛儿们生活在一起。

从此，符康的牛群里多了一只獂，再也没有猛兽来侵扰他和牛群了。獂有了很多好伙伴，再也不孤单了。山里的獂听说了这件事，也纷纷来找符康和其他村民，它们成了村庄的守护者，保护着一方百姓。

东山经

从从

有兽焉,其状如犬,六足,其名曰从从,其鸣自詨。

译文：山中有一种野兽,形貌像一般的狗,却长着六只脚,名字叫从从,它发出的叫声便是自身名字的读音。

预示太平的从从

从前有一位少年,他很小的时候母亲就去世了,父亲给他娶了一位后娘。后娘对他很不好,常常打骂他,每天只给他吃剩饭。

这一年,少年的家乡发生了大旱,田地里颗粒无收。眼看着米缸里的存粮越来越少,后娘就偷偷跟父亲商议

说，要把少年卖给镇上的员外当仆人，换一点粮食。

少年听见了他们的话，心想："我已经十五岁了。与其被卖去当仆人，不如自己离开，去寻找一条活路。"

于是当天夜里，少年收拾了几件贴身衣物，带上一些干粮，就偷偷离开了家。

少年往富饶的南方一路走去，路上饿了就寻找野果充饥，渴了就喝泉水。他走了整整一个月，来到一座山脚下。只见这座山高耸入云，郁郁葱葱。

少年发现山间流淌着清泉，连忙蹲下身来，痛快地喝起了泉水。

这时，对面的草丛里发出一种奇怪的声音，这声音好像在叫："从从，从从。"

少年好奇地拨开草丛，看见一只长得像狗的六条腿动物，叫声正是它发出的。

它看了少年一眼，转身向山上跑去，好像在给少年引路。少年跟着它跑上山后，发现遍地都是金子和碧绿的玉石。

从此，少年成了富甲一方的商人。他常常行善济贫，为老百姓做了许多好事。

很久之后，他才得知自己见到的动物名叫从从，是一种吉兽。它一出现，就代表天下太平。

 东山经

狪狪

有兽焉，其状如豚（tún）而有珠，名曰狪（tóng）狪，其鸣自讠川。

 译文

山中有一种野兽，形貌与一般的猪相似，体内有珠子，名字叫狪狪，它发出的叫声便是自身名字的读音。

善良的狪狪

环水发源于泰山，向东流入汶水。环水中盛产珍贵的宝石。泰山下的村民想要通过寻找宝石过上好日子，可不仅宝石不好找，他们还听说山里有一种叫狪狪的非常凶猛的野兽，因此很多人不敢上山。

有一个叫素怀的年轻人，家里实在太贫穷了，就壮起胆子，独自到山上去寻找宝石。素怀不分白天黑夜地找

了半个多月却一无所获。就在他准备放弃的时候，猛然发现了一块晶莹剔透的玉石，他想：终于可以用它换一些粮食，渡过难关了。

这时，素怀突然听到了一阵"狪狪、狪狪"的叫声，他循着声音望去，发现一只像猪一样的动物被捉住了，眼神中满是惊恐和祈求。素怀见它太可怜了，就对猎人说："求你把它放了吧！"猎人笑笑说："放了？我好不容易才抓住它，怎么能把它给放了呢？"素怀见猎人不同意，便说："我用宝石跟你换它好吗？"猎人见到漂亮的玉石就同意了。素怀帮狪狪解开绳子，说："你快逃命去吧！"

狪狪感念素怀的救命之恩，就把他带到环水的旁边，它点了点头，又发出了"狪狪、狪狪"的叫声。瞬间，水中出现了很多宝石，素怀高兴极了，他捡了满满一口袋回家去了，最终过上了幸福的生活。

神兽篇

 东山经

獙獙

有兽焉，其状如狐而有翼，其音如鸿雁，其名曰獙（bì）獙，见则天下大旱。

译文

山中有一种野兽，形貌像狐狸却有翅膀，发出的声音像大雁一样，名字叫獙獙，它一出现天下就会发生大旱灾。

羡慕鸟的獙獙

上古神山姑逢山中有一种野兽叫獙獙，它的样子像狐狸，长着一双小小的翅膀。

獙獙生性多疑，且嫉妒心强。它往往住在悬崖峭壁上，而且还设有各种陷阱。有时候因为设的陷阱太多，连它自己都忘了，所以这些陷阱经常误伤自己和同伴。獙獙

的心眼非常坏，它因为害怕山上的采药人发现自己的行踪而伤害自己，所以处处提防，甚至常常飞到采药人的上方，用力踩下山上的石头将他们砸下山去，山中采药者受伤的十有八九都是獙獙造成的。为此，附近村民对獙獙十分痛恨。

獙獙虽然长着一双翅膀，但是它飞行时高不过百米，距离不过一里。所以它特别羡慕鸟儿，并由羡慕升级为嫉妒。

獙獙总是妄想着自己有一天能够像鸟儿一样自由翱翔。每当它在悬崖边看到有鸟儿飞过时，就冲它们大喊："飞吧，飞吧，总有一天会摔死你们！"因为太渴望飞，獙獙每次喝水都要对着水面照一照，看看自己的翅膀是不是又长大了一些。

月圆之夜，獙獙就会在山崖上模仿鸟的叫声，仿佛它已经真的成了一只鸟。可是，每天早晨醒来之后，它还是只能扑棱着瘦弱的翅膀，所以心里十分痛苦。

獙獙不知道，它永远也成不了一只鸟，因为山神知道它的所作所为，早就给它下了诅咒，让它一辈子都不能像鸟儿一样飞翔。

东山经

精精

有兽焉，其状如牛而马尾，名曰精精，其鸣自叫。

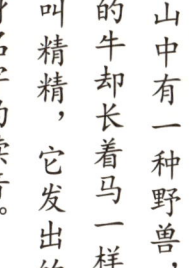

译文

山中有一种野兽，形貌像一般的牛却长着马一样的尾巴，名字叫精精，它发出的叫声便是自身名字的读音。

隐身大师精精

从跂踵山沿水路向南走九百里，就是踇隅山。这是一座上古名山，山上有许多奇花异草，而且有丰富的金属矿石和奇珍异宝。

传说有一种长相像牛的野兽，就居住在这座山里，它的名字叫精精。跟牛不一样的是，它长着马的尾巴，发出的声音不像牛，也不像马，而是像它名字的读音一样"精精、精精……"

虽然精精不伤人，但是它经常偷吃人类的粮食，因为它自己没有捕猎的能力。而且它非常善于伪装，因为跟牛长得非常像，所以它经常混在牛群里。它只要把自己的尾巴藏起来，就跟其他的牛没什么两样了。当然，也有被村民识破真相的时候，但是村民觉得它并不是什么害人的怪兽，只是将它赶走。

渐渐地，精精不满足于在一个国家活动，会经常跑到很远的地方。有人说，曾在蛮荒之地发现了精精的身影。那个怪兽身上长有绿色的斑纹，有马的尾巴，也长着牛的蹄子，但人们推测这应该不是它；还有人说曾在远古的热带森林里发现过它的身影，那个动物叫起来也像它一样"精精、精精"的；还有人说，精精因为善于伪装，到最后把自己也骗了，它也不知道自己是牛是马，索性就变成了牛，直接在农户家里住了下来。究竟是不是这样呢？谁都不知道。毕竟精精是伪装大师，它实在是太善于伪装自己了。

神兽篇

东山经

当康

有兽焉，其状如豚而有牙，其名曰当康，其鸣自叫，见则天下大穰（ráng）①。

译文 山中有一种野兽，形貌像小猪却长着大獠牙，名字叫当康，它发出的叫声就是自身名字的读音，它一出现天下就要大丰收。

注释

①穰：丰收。

预示丰收的瑞兽

在远古的神山钦山中，生活着一种名字叫当康的野兽。它的体形不大，外形像猪，长着一对雪白的大獠牙，叫起来"当康、当康"的，就像在呼唤自己的名字。虽然当康长得丑，但是它却是一种瑞兽。

每年庄稼丰收时，当康就会从洞里出来，到田里争吃粮食。它们不光自己吃，还不断地发出"当康"的声音，唤来同伴一起吃。

有一年夏天，山洪暴发，山下几个村子的粮食都颗粒无收。当康伤心极了，它们整天窝在洞里，嘴里发出"当康、当康"的声音，好像在跟别人说："我好伤心啊，今年要饿肚子了。"不光它们要饿肚子，山下的村民日子也过不好了。可遇到丰收年，当康就开心了。它们争先恐后地从洞里涌出来，一头扎进田里，吃得饱饱的才肯出来。

别看当康贪吃，但它们从来不会糟蹋粮食，而且它们的饭量不大，每次吃完便会离开，绝对不会再来第二次。

村民们不会赶走当康，不仅因为它们食量小，还因为当康的到来，预示着庄稼将会丰收。

写给孩子的手绘山海经

 东山经

合㑊

有兽焉,其状如彘而人面,黄身而赤尾,其名曰合㑊(yǔ),其音如婴儿。是兽也,食人,亦食虫蛇,见则天下大水。

译文

山中有一种野兽,样子像猪却长着人的脸,黄色的身子上长着红色尾巴,名字叫合㑊,它发出的声音如同婴儿啼哭。这种合㑊兽,吃人,也吃虫和蛇,它一出现天下就会发生水灾。

凶兽合㑊

如果你在野外行走,突然从山间传来一阵婴儿的哭声,你也许会想,一定是谁家孩子走丢了或者是被抛弃了。可当你循着声音去找,无论如何也找不到那个哭泣的孩子。等你感觉快要发现那个孩子的时候,突然,一只野

兽蹿了出来。它看上去可怕极了，像是把人头装在了猪的身上，又像一只戴着人脸面具的猪。它一口就能把你吃掉，想想是不是很恐怖呢？

其实，这个怪兽叫合窳，是上古时期一种吃人的野兽。平时合窳吃点儿小虫小鸟、刺猬和蛇，但如果太饿了，它就饥不择食了，还会吃人。合窳不光吃人，还能引发洪水。它可真是一头邪恶的怪兽。

那合窳是怎么来的呢？相传有个屠夫，几次转世投胎都是屠夫，他杀的猪不计其数。上天为了惩罚他，在一次投胎的时候就让他变成了猪。

可是，掌管转世投胎的神官开了小差，屠夫只转了一半就出生了，因此成了一个半人半猪的怪物。怪物十分愤怒，于是就在人间为非作歹。这就是合窳的由来。

至于合窳为什么能引发洪水，民间也有说法。传说因为合窳的胃口特别好，食量很大，所以经常吞没山河湖海。因为它长了猪的身体，又不太注意卫生，经常随地大小便，所以就经常引发洪水。

 **东山经**

蜚

有兽焉，其状如牛而白首，一目而蛇尾，其名曰蜚（fěi），行水则竭①，行草则死，见则天下大疫。

 **译文**

山中有一种野兽，样子像一般的牛却长着白色的脑袋、一只眼睛和蛇一样的尾巴，名字叫蜚。它行经有水的地方水就干涸，行经有草的地方草就枯死，它一出现，天下就会发生大瘟疫。

 **注释**

①竭：干涸。

蜚经过处，寸草不生

太山上有许多神奇的宝藏，住在山下的人大都以采集宝藏为生。传说有一位经验丰富的采玉人，有一天带着自己的孙子上山采玉，忽然发现了很多异常的现象：很多树

133

木都枯死了，原来清澈的河水也变得干枯，河边还有很多死鱼死虾，好像中了毒似的。

孙子就问爷爷："爷爷，怎么有这么多的死鱼和死虾呢？"爷爷看了看死去的鱼和虾，又看了看枯萎的树，也觉察出异样。他告诉自己的孙子："以往就算是河水干枯，也不会发生这种现象。像今天这个样子，应该是蜚经过所造成的。"

孙子又问："爷爷，你说的蜚就是那个传说中的怪兽吗？"爷爷说："是的。它长着两只长长的角，头顶只有一只眼睛，样子像一头牛，却有蛇一样长长的尾巴。它的尾巴有剧毒，这些死鱼死虾估计就是被它毒死的，它是一只特别凶狠的怪兽。"

孙子说："爷爷，那我们要去提醒村里的人，让他们不要再上山了，不然的话，他们碰见了蜚也会被逮去的。"爷爷说："你说得对。你赶紧去给村里的人通风报信，爷爷上了年纪已经跑不动了。"正在他们说话的时候，蜚突然从林子里蹿出来。爷爷大喊着："你赶紧跑，赶紧去通知村里的人！"

孙子害怕极了，他知道自己不能救爷爷了，因为村里还有那么多人等着他去救。他一边哭一边跑，最终将消息告诉了村里的人，挽救了一村子人的生命。而他的爷爷，因为保护村民，牺牲了自己的生命。

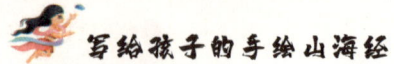

中山经

胐胐

有兽焉,其状如狸,而白尾有鬣,名曰胐(fěi)胐,养之可以已①忧。

译文

山中有一种野兽,样子像一般的野猫,却长着白尾巴,脖子上有鬣毛,名字叫胐胐,人饲养它可消除忧愁。

注释

① 已：了却,消除。

胐胐解忧

很久很久以前,霍山下有一个霍家村,霍家村里有一个员外老来得子,因此他非常宠溺这个孩子。

员外家有一个侍女,她也有一个儿子。这个侍女做事勤勤恳恳,但还是时常遭到员外的打骂。侍女敢怒不敢言,为了儿子,她只能默默忍受。

侍女和儿子就住在员外家的柴房里，平常干活时，侍女就把儿子锁在柴房里，晚上回来了，才能陪陪儿子，给儿子讲故事。

侍女对儿子说，传说霍山上有一只名叫朏朏的怪兽，它长得就像只猫一样，但是却有一条白色的尾巴，脖子上长着像马一样的鬃毛，它可以帮人解除忧愁。侍女的儿子说："妈妈，我要是有一只朏朏就好了！每天待在柴房里，我很孤单，如果有朏朏陪着我，我就不会不开心了。"

侍女对儿子说的话，无意间让员外的儿子听到了，他就跑到员外面前，跟员外撒娇打滚，说非要捉一只朏朏。

于是，员外派了很多人到山里抓朏朏，想了很多的办法，终于让他们捉到了一只朏朏。可是朏朏受伤了，动弹不得。可员外的儿子哪管这些，他只会用绳子拴着朏朏，一会儿把它当大马骑，一会儿把它当狗遛。那只朏朏非常可怜，只顾舔舐自己的伤口，根本不理会他。

后来员外的儿子玩腻了，就把朏朏扔到了一边。侍女发现受伤的朏朏，把它抱进了柴房。她和儿子细心地照顾朏朏，治好了它的伤口。之后，朏朏一直在柴房里陪伴着小男孩，给他带来了很多的欢乐。后来，朏朏还帮侍女母子逃离了员外家，他们搬到了霍山上，过上了幸福快乐的生活。

中山经

马腹

有兽焉,其名曰马腹,其状如人面虎身,其音如婴儿,是食人。

译文 山中有一种野兽,名字叫马腹,人面虎身,发出的声音如同婴儿在啼哭,是能吃人的。

凶兽马腹

相传暇月女神创世之初,太阳才刚刚成形,还不会在天空中移动。至于月亮,那是太阳到晚上之后因为色泽发生变化而形成的。因为太阳出现的时间很短,很多大地生物接受阳光照射的时间有限,所以就集聚了很多的阴郁之气,久而久之生出一恶兽,名字叫蔓渠。蔓渠性格凶残。暇月女神为了除掉它,就遣五行巨兽与其交战。五行巨兽和蔓渠大战三日,将其杀死。蔓渠死后千年,其肉身化作人面虎身之妖兽,便是马腹。

相传马腹身手敏捷，一般神兽根本追不上它。它还能够发出婴儿般的啼哭声。在《山海经》等典籍中，不少恶兽都能发出婴儿一样的啼哭之声。这种婴儿的啼哭声往往是这些恶兽为了捕捉人类而设下的陷阱。无条草可以作为解药来防止被迷幻。马腹也经常利用这种办法迷惑人，吃人。

其实，马腹比老虎要稍微厉害一些，也比较高明。它知道自己的实力比较弱，如果碰到强者，自己便极有可能被捕杀，所以就学习婴儿的啼哭声，以达到声东击西的目的，来保全性命。

马腹胆子很小，每次遇到强敌便逃之夭夭，但是如果很多只马腹集合在一起，那么力量也是十分强大的。很多人都吃过马腹的亏，也因此丢了性命。久而久之，马腹的可怕程度被人们逐渐夸大，被误认为实力强悍，实则不然。

曾经有天神饲养马腹，作为自己的宠物。在天神威严的震慑下，马腹乖乖听话，有一段时间十分安分守己。可当天神出去巡游的时候，马腹就管不住自己那颗不安分的心了，偷偷溜到山下荼毒百姓。天神知道了马腹的作为，便用藤鞭惩罚它。所以每当马腹到人间作恶之后，往往从天空中能够传出婴儿的啼哭声，但那不是真的婴儿在啼哭，而是马腹在告饶呢。

 中山经

夫诸

有兽焉，其状如白鹿而四角，名曰夫诸，见则其邑（yì）[1]大水。

 译文

山中有一种野兽，样子像一般的白鹿却长着四只角，名字叫夫诸，它在哪个地方出现，哪里就会发生水灾。

 注释

[1]邑：地方。

洪水兽夫诸

在美丽的敖岸山上，生活着一种奇特的怪兽，它的名字叫夫诸。它的样子像一头美丽的鹿，但是头顶上有四只角，浑身洁白光滑，美丽极了。夫诸本来是无害的野兽，

但是如果它生气了，就会带来洪水，这件事只有看护敖岸山的山神熏池知道，山下的村民却不知道。

有一天，山下有几个村民到山上去狩猎、采药、砍柴，就在他们采集完了想要往回走的时候，突然看到了一只非常美丽的野兽，那就是夫诸。他们不认识夫诸，还以为是一头美丽的鹿，心想："今天运气真好，可真是要发财了。"他们商量了一下，然后就联手把夫诸绑了起来，要把它抬下山去。

天神熏池得知此事，赶紧跑到山下来。但他不敢以神的样子见人，所以就化成了平常人。他跟几位村民说，"你们可千万不要把它带回去，它是夫诸，惹它生气的话，你们会倒霉的"。可那几个村民一心只想着挣钱，哪里听得进去呀。甚至为首的一个人还气呼呼地说："你肯定是嫉妒我们打到了这么美丽的鹿，才这样吓唬我们，我们才不怕呢。"

山神熏池无可奈何，只能由他们去了。他想，自己酿的苦酒就自己去品尝吧。结果当天晚上，山洪暴发，村里的土地和庄稼全都被淹没了，只有那个带头抓夫诸的人侥幸活了下来。他想起白天的事恍然大悟，原来在山上跟他说话的是山神。从此他也知道了要远离夫诸，可是一切都晚了。他望着被毁掉的家园，流下了悔恨的泪水。

# 中山经

山膏

有兽焉,名曰山膏,其状如豚,赤若丹火,善詈(lì)①。

> 译文
>
> 山中有一种野兽,名字叫山膏,样子像普通的小猪,身上红得如同丹火,喜欢骂人。

① 詈:辱骂。

爱骂人的山膏

传说苦山下有一个姓易的老郎中,医术精湛。这个老郎中有一个儿子叫易秋,他常跟随在父亲身边,所以也略懂得一些医术。他见父亲年纪大了,就跟父亲说以后上山采药的活儿可以交给他。

这天,医馆里来了很多人,其中有一人脖子上长了一

个大瘤子。易郎中对儿子说:"这个瘤子只能用苦山上无条草的叶子来治疗,你去帮我采些回来吧。"易秋就问:"无条草是什么样子的?"易郎中说:"无条草没有茎,叶子是圆的,花朵是红色的,没有果实。"易秋听父亲说完就背上竹篓出发了。

易秋在山上发现了很多新奇的东西,还有一些他不认识的草药。易秋辗转了很多山头,都没有发现无条草,由此他也懂得了父亲的艰辛。

易秋继续找啊找,终于在一座山的半山腰发现了无条草,并采了一些放在竹篓里。就在他准备往回走的时候,突然听见身后有人在大骂。骂他的不是别人,而是一只火红色的小猪。这只小猪看上去特别可爱、滑稽,而且脾气十分暴躁,它一边骂易秋,一边直跺脚。

易秋被这没来由的谩骂惹得非常生气,见这只小猪个子很小,就上去揍了它一顿。小猪也不还手,灰溜溜地逃跑了。

回家之后易秋跟父亲说起事情的经过,父亲笑着跟他说:"你打的可不是什么小猪。那是苦山上的一种野兽,是猪精,名字叫山膏。它天性脾气暴躁,就喜欢骂人,我以前上山采药的时候也经常被它骂,我都不搭理他。他今天吃了苦头,看来以后不会再出来骂人了。"

> 神兽篇

 中山经

文文

有兽焉，其状如蜂，枝尾①而反舌②，善呼，其名曰文文。

 译文

山中有一种野兽，样子像蜜蜂，长着分叉的尾巴和倒转的舌头，喜欢呼叫，名字叫文文。

 注释

① 枝尾：分叉的尾巴。
② 反舌：倒转的舌头。

会说腹语的文文

沿明水上游向东五十二里，就是放皋山。放皋山上藏匿着一种可怕的怪兽，离着大老远就能听到它说话的声音，但却看不见它的样子。如果你迷路了，它就会现身，

好心地给你指路。这时候你千万不要相信，因为它八成会把你带入歧途，并趁机吃掉你。

这种怪兽有个与它的作为不相称的名字：文文。文文的样子像是一只巨大的蜜蜂，舌头反着长，有很多条又尖又长分叉的大毒尾巴，尾巴底部是锋利的毒螯。这螯毒性极强，人沾了顷刻毙命，花草树木沾了瞬间枯萎。只有把放皋山的苍玉碾碎成粉，用明水的清泉送服毒性才可解除。明水好找，可苍玉难寻，因此，很多人中了文文的毒之后，都因为找不到苍玉而丢了性命。

文文还有个特异功能，这种特异功能跟它的生理构造有关系。因为舌头是反向生长的，所以它发出的声音不是往外出，而是往里进，变成了"腹语"。很多人还会受文文的迷惑。加上文文的腹语有着"千里传音"的功能，所以很多被它迷惑的人都中了它设下的圈套。

有了这两个本领，文文常常诱导山中迷路的人。上古时期还都没有指南针，要不人们肯定能识破文文的诡计。

但是，后来村民们发现，如果佩带放皋山上蒙木的枝条就可以免受文文的诱惑，有经验的村民都会在入山前做好准备。

神兽篇

中山经

狍狼

有兽焉,其状如狐,而白尾长耳,名狍(yǐ)狼,见则国内有兵[①]。

译文 山中有一种野兽,样子像一般的狐狸,却长着白尾巴和长耳朵,名字叫狍狼,它在哪个国家出现,哪个国家就会有战争。

注释

①兵:战争。

狍狼的传说

高梁山往东四百里是蛇山,这里的树木非常多,有一种树叫豫章树。豫章树的果子因为被女神武罗洒漏了神水,滋养出了一种野兽。这种野兽长得非常像狐狸,拖

149

着长长的白尾巴和长长的耳朵，它的名字叫狰狼，它要是在哪个国家出现，哪个国家保准会发生战争。

狰狼一般不会单独出没，而是跟同伴集体出行。打猎的时候，它们前后夹击，配合得十分默契。它们非常狡猾，经常从各种方向发动偷袭，让人防不胜防。

传说当年蚩尤的部队中有一支就是由狰狼组成的。它们作战的时候非常讲究策略，常常以少胜多，是天生的战斗大师。因为没有人能搞清楚它们的战术是什么，所以当时黄帝跟蚩尤大战的时候就吃了很多亏。后来黄帝就发现，狰狼如果单独出行的话，战斗力非常弱，所以他就采取各个击破的办法把狰狼分开。而且他做了很多大笼子，把它们的头领先捉起来。正所谓"擒贼先擒王"，缺少了头狼的带领，其他的狰狼像无头苍蝇一样到处乱撞，变得不堪一击了。黄帝因此打败蚩尤，取得了最后的胜利。

后来狰狼慢慢进化，就变得跟普通的狼一样了。它还有一个近亲叫作狈，狈的前腿比狼短一些，要经常靠狼的帮助才能够行动，人们经常说"狼狈为奸"，说的就是它们两个。"狼狈为奸"也被人们用来比喻两个人一起做坏事。

神兽篇

 中山经

雍和

有兽焉，其状如猿（yuán）、赤目、赤喙（huì）、黄身，名曰雍和，见则国有大恐。

译文 山中有一种野兽，形貌像猿猴，却长着红眼睛、红嘴巴、黄色的身子，名字叫雍和，它在哪个国家出现，哪个国家就会发生大恐慌。

被误解的雍和

丰山高，丰水长，丰山山顶有宝藏。上古名山丰山以物产富饶而闻名天下，山上奇石名木数不胜数。据说山上还藏有一只野兽，名叫雍和，它长得像一只大猴子，红眼红嘴，通体黄毛。民间盛传雍和到了哪里，哪里就将发生灾祸。

丰山上不光有宝藏，而且相传有九口大钟。这九口大钟分别对应着不同的方位，是用来给九个国家报警的。

就相当于现在的预警器。每当有灾祸降临的时候，大钟就会响起来。

那是初春的一个傍晚，附近村民正准备吃饭，忽然听见山顶大钟作响。村民纷纷从家里跑了出来，准备到山顶去看看，因为老祖宗有言，"大钟响，灾祸往"，所以不能掉以轻心。

村里的小伙子组成一队向山里进发。等爬到了山顶，才发现钟不是自己响的，而是有一只大猴子在拿着木头棍子敲它。他们看到是猴子的恶作剧，于是就准备上前去吓跑猴子，但定睛一看，发现事情并没有这么简单。这只猴子有红色的眼睛、红色的嘴巴，跟传说里描述的野兽雍和一模一样。众人都被吓跑了。

队伍回来后，向村民传递了见到雍和的消息。村里老人们认为：不管钟是不是自己响的，总之见到了雍和就说明是灾祸即将到来。于是当天晚上，村民们纷纷搬出了自己的屋子。果不其然，下半夜的时候，冷风骤起，飞沙走石，大地响动，不一会儿村民们的房子也都被夷为平地。后来大家才知道，原来雍和并不是带来灾祸的野兽，而是给大家提醒和预警的神兽，于是，从此也开始对它尊敬起来。

图书在版编目（CIP）数据

写给孩子的手绘山海经.神兽篇/张芳主编.--长春：东北师范大学出版社，2022.10
ISBN 978-7-5681-9472-3

Ⅰ.①写… Ⅱ.①张… Ⅲ.①历史地理－中国－古代②《山海经》－儿童读物 Ⅳ.①K928.631-49

中国版本图书馆 CIP 数据核字 (2022) 第 182089 号

写给孩子的手绘山海经
XIEGEI HAIZI DE SHOUHUI SHANHAIJING

□主　　编：张芳　　　　□策划编辑：张秋红
□责任编辑：张秋红　　　□责任印制：高鹰
□责任校对：魏昆　　　　□总 策 划：小红帆
□封面设计：小红帆　　　□版式设计：小红帆

东北师范大学出版社出版发行
长春市净月经济开发区金宝街 118 号
邮政编码:130117
编辑电话：0431-84568021
邮购热线：0431-84568021
网址：http://www.nenup.com
河北赛文印刷有限公司制版
河北赛文印刷有限公司印装
涿州市刁窝镇泗平庄村平安路 8 号 （072750）
2022 年 10 月第 1 版
2022 年 12 月第 1 次印刷
幅面尺寸 : 170mm × 230mm
印张 : 40
字数 : 338 千字

如果发现印装质量问题，影响阅读，可直接与承印厂联系调换